D. G. Hanumanthappa

Approccio globale all'e-governance

ScienciaScripts

Imprint

Any brand names and product names mentioned in this book are subject to trademark, brand or patent protection and are trademarks or registered trademarks of their respective holders. The use of brand names, product names, common names, trade names, product descriptions etc. even without a particular marking in this work is in no way to be construed to mean that such names may be regarded as unrestricted in respect of trademark and brand protection legislation and could thus be used by anyone.

Cover image: www.ingimage.com

This book is a translation from the original published under ISBN 978-3-659-82727-3.

Publisher:
Sciencia Scripts
is a trademark of
Dodo Books Indian Ocean Ltd. and OmniScriptum S.R.L publishing group

120 High Road, East Finchley, London, N2 9ED, United Kingdom
Str. Armeneasca 28/1, office 1, Chisinau MD-2012, Republic of Moldova, Europe

ISBN: 978-620-3-62877-7

Copyright © D. G. Hanumanthappa
Copyright © 2024 Dodo Books Indian Ocean Ltd. and OmniScriptum S.R.L publishing group

Approccio globale all'e-governance
Dr. Hanumanthappa DG M.A., Ph.d
Professore assistente
PG Dipartimento di Scienze Politiche
Scuola di Scienze Sociali,
Università Rani Channamma
Belagavi-591156, Karnataka, India
Email; hanumanthappadg@gmail.com
Telefono: +919902594983

Prefazione

Devo innanzitutto esprimere la mia scintillante gratitudine a questi scienziati di sale della terra per aver divorato il mondo con splendidi risultati scientifici che hanno portato a cambiamenti incantati nell'atteggiamento mentale globale e, soprattutto, nella forma del mondo.

Leggendo questo libro, mi sono rallegrato delle informazioni raccolte per giustificare le argomentazioni dell'autore nel sostenere la rilevanza delle tecnologie e delle conoscenze dell'e-governance per il mondo. L'approccio globale all'e-governance è un libro breve e di grande chiusura, che si concentra sul funzionamento della rete del sistema di governance globale e descrive in modo intelligente come l'e-governance abbia trasformato il mondo fenomenale in un piccolo villaggio rustico.

Devo apprezzare l'abilità dell'autore nel costruire il mondo attraverso le corde dell'E-Governance e la sua importanza; il libro, tuttavia, romanza l'impresa scientifica nella globalizzazione degli scarti globali, ma è vero, come ho appreso dal libro, che la sua rilevanza descritta mostra il collegamento globale nella rinascita globale verso la pace e la prosperità collettiva.

Questo libro, scritto in modo accattivante con approfondimenti sulla tecnologia informatica, vi porta nel mondo in cui dovreste desiderare di vivere come cittadini ed esseri umani. Inoltre, questo libro leggibile ha racchiuso un'ampia varietà di conoscenze E-touch che possono essere utili al cittadino globale per farlo sentire a casa, nonostante sia ovunque, e in un mondo sempre più prospero.

Il libro è una guida per gli e-leader e fornisce una serie di linee guida a coloro che desiderano ancora conquistare il mondo attraverso l'E-Governance.

Dr. Y S Balavantagol
Professore associato
Università Rani Channamma Dipartimento di Scienze Politiche Belagavi.

Riconoscimento

È difficile pensare a un libro degno di essere prodotto senza idee e materiali sostanziali riuniti in modo adeguato. Tuttavia, è necessario che alcune forti correnti di crescita siano alimentate da personalità intraprendenti e da biblioteche vivaci; le biblioteche, infatti, svolgono un ruolo fondamentale nella realizzazione di un libro di qualità.

In questo contesto, permettetemi di ricordare sinceramente coloro che hanno fatto un lavoro meraviglioso e che hanno galvanizzato il processo di formazione di questo libro.

In definitiva, ritengo che questa occasione sia una fantastica opportunità per sentirmi sempre associato ed esprimere la mia gratitudine al Prof Ramachandrappa G T, al Prof Muzzafar Aassadi (Università di Mysore), al Dr. Y S Balavantagol (RCU), a M Mallikarjuna (studioso di ricerca), (tutti dell'RCU). Sono particolarmente grato a mia moglie, Roopa H R, per il suo costante sostegno e ispirazione,

Grazie

Dott. D G Hanumanthappa

Professore assistente

Università Rani Channamma.

CONTENUTI

Approccio globale all'e-governance 1

Prefazione 2

Riconoscimento 3

CONTENUTI 4

Introduzione 5

CENARIO E-GOVERNANCE-MONDO 17

E-GOVERNANCE: LO SCENARIO INDIANO 24

INIZIATIVE DI E-GOVERNANCE IN KARNATAKA 39

CONCLUSIONE 41

Bibliografia 43

Introduzione

Il 21st secolo è il mondo della tecnologia dell'informazione. Essa porta cambiamenti rivoluzionari nel funzionamento del mondo intero. L'ultimo impatto della tecnologia è stato osservato nei settori governativi, dove gli uffici e i servizi governativi sono gestiti attraverso le tecnologie informatiche. L'adozione di nuove tecnologie nel settore governativo fa emergere un nuovo fenomeno chiamato e-governance. L'e-governance si riferisce ai servizi forniti dal governo ai cittadini, alle imprese e alle amministrazioni locali attraverso le tecnologie dell'informazione. L'aumento e la popolarità dell'e-governance lo dimostrano. L'e-governance rende il lavoro del governo più efficiente, reattivo e trasparente. Molti Paesi sviluppati, come Regno Unito, Stati Uniti e Brasile, ecc. hanno adottato l'e-governance e l'India è uno di questi. L'e-governance è un servizio basato sul web per le amministrazioni locali, statali e nazionali. Il governo utilizza questi servizi basati su internet per servire i propri cittadini online. Il governo offre molti servizi online, come il pagamento di bollette, tasse ecc. e i cittadini utilizzano i servizi in base alle loro esigenze, comodità e tempo. Anche il governo indiano ha riconosciuto l'importanza della tecnologia e ha istituito il Dipartimento di Elettronica nel 1970. L'India ha compiuto il primo passo verso l'egovernance con la creazione del National Informatics Centre (NIC) nel 1977. Nel 1987 l'India ha lanciato la NICNET (National Satellite - Based Computer Network) con l'obiettivo di informatizzare tutti gli uffici distrettuali del Paese. La e-governance fornisce molti servizi ai cittadini e al governo. I fattori che influenzano l'accettazione dell'e-governance sono i seguenti:

Poiché la governance è il processo decisionale e il processo con cui le decisioni vengono attuate, un'analisi della governance si concentra sugli attori formali e informali coinvolti nel processo decisionale e nell'attuazione delle decisioni prese e sulle strutture formali e informali che sono state create per arrivare alla decisione e attuarla.

E-Government

Analogamente ai cambiamenti radicali del commercio elettronico, i paesi hanno iniziato a riconoscere l'emergere dell'e-government - "la possibilità di ottenere servizi governativi attraverso mezzi elettronici non tradizionali, consentendo l'accesso alle informazioni governative e al completamento delle transazioni governative ovunque e in qualsiasi momento e inOffre il potenziale per rimodellare il settore pubblico e costruire relazioni tra i cittadini e l'amministrazione.

E-governance

L'e-governance va oltre l'ambito dell'e-government. Mentre l'e-government è definito come una semplice fornitura di servizi e informazioni governative al pubblico tramite mezzi elettronici, l'e-governance consente la partecipazione diretta degli elettori alle attività governative. La definizione di e-Governance indica

"L'applicazione dei mezzi elettronici in:

L'interazione tra il governo e i cittadini e tra il governo e le imprese, le operazioni interne al governo per semplificare e migliorare gli aspetti democratici, governativi e commerciali della governance.

Comporta l'uso di una serie di moderne tecnologie dell'informazione e della comunicazione come Internet, reti locali, cellulari ecc. da parte del governo per migliorare l'efficacia, l'efficienza, la fornitura di servizi e promuovere la democrazia. In termini semplici, l'egovernance può essere definita come una governance in ambito informatico. Blake Harris riassume l'egovernance come segue: l'e-governance non riguarda solo il sito web del governo e la posta elettronica. Non si tratta solo di fornire servizi via Internet. Non si tratta solo di accesso digitale alle informazioni governative o di pagamenti elettronici. *Cambierà il modo in cui i cittadini si relazionano con i governi, così come cambierà il modo in cui i cittadini si relazionano tra loro.* Farà emergere nuovi concetti di cittadinanza, sia in termini di bisogni che di responsabilità. L'e-governance permetterà ai cittadini di comunicare con il governo, di partecipare alla definizione delle politiche governative e ai cittadini di comunicare tra loro. L'e-governance permetterà davvero ai cittadini di partecipare al processo decisionale del governo, di riflettere i loro veri bisogni e il loro benessere utilizzando l'e-governance come strumento.

La governance consentirà alla gente comune di interfacciarsi costantemente con il governo, sia a livello locale che centrale, su diverse questioni. La vera e-governance dovrebbe essere raggiunta attraverso l'interfaccia dei cittadini sia con il governo centrale che con quello locale.

Obiettivi dell'e-Governance

L'obiettivo strategico dell'e-governance è sostenere e semplificare la governance per tutte le parti: governo, cittadini e imprese. L'uso delle TIC può collegare tutte e tre le parti e supportare processi e attività. In altre parole, nella e-governance i mezzi elettronici supportano e stimolano la buona governance. Pertanto, gli obiettivi dell'e-governance sono simili a quelli della buona governance.

Il buon governo può essere visto come un esercizio dell'autorità economica, politica e amministrativa per gestire meglio gli affari di un Paese a tutti i livelli. Gli obiettivi più pratici dell'egovernance possono essere indicati quando gli obiettivi della democrazia elettronica e dell'e-government sono descritti separatamente.

I due obiettivi principali dell'e-democracy sono :
- Fornire ai cittadini l'accesso alle informazioni e alle conoscenze sul processo politico, sui servizi e sulle scelte disponibili.

- Consentire il passaggio dall'accesso passivo alle informazioni alla partecipazione attiva dei cittadini Informare il cittadino Rappresentare il cittadino Incoraggiare il cittadino a votare Consultare il cittadino Coinvolgere il cittadino

Per quanto riguarda l'e-government, si può fare una distinzione tra gli obiettivi dei processi interni (operazioni) e gli obiettivi dei servizi esterni.

L'obiettivo esterno dell'e-government è soddisfare le esigenze e le aspettative del pubblico in modo soddisfacente dal lato del front-office, semplificando l'interazione con i vari servizi online. L'uso delle TIC nelle operazioni governative facilita un'interazione rapida, trasparente, responsabile, efficiente ed efficace con il pubblico, i cittadini, le imprese e le altre agenzie.

Nel back-office, l'obiettivo interno dell'e-government nelle operazioni governative è quello di facilitare un processo rapido, trasparente, responsabile, efficiente ed efficace per lo svolgimento delle attività amministrative governative. Il risultato può essere un significativo risparmio sui costi (per transazione) delle operazioni governative.

Potenziali clienti in un sistema di e-Government
In un sistema di e-government dovremmo considerare quattro diversi possibili clienti: il governo stesso (G2G), i dipendenti (G2E), il settore privato (G2B) e la cittadinanza (G2C).

Uno degli aspetti più promettenti dell'e-government è la sua capacità di avvicinare i cittadini ai loro governi. Consentire la conversazione tra cittadini e governo non è l'unico modo per avvicinare cittadini e governo. Rendere l'amministrazione più facilmente accessibile è un'altra componente di questo impegno. Ci sono alcune caratteristiche che lo rendono possibile. Una di queste è la possibilità di effettuare ricerche in un determinato sito web. Un'altra è quella di offrire la trasmissione in tempo reale di discorsi importanti attraverso il web. Un altro modo è quello di consentire ai cittadini di adattare le informazioni disponibili ai loro interessi specifici.

Vantaggi dell'integrazione dell'e-Government
- Riduzione dei costi e miglioramento dell'efficienza e della qualità del servizio.

- Collegamenti più efficaci tra cittadini e governo.
- Migliorare l'efficienza dei lavoratori pubblici.
- Facilitare la trasparenza e la responsabilità

Un modello di e-governance

I tre principali gruppi target che si possono distinguere nei concetti di e-governance sono il governo, i cittadini e le imprese. Abbreviazioni come B2B (Business to Business) e B2C (Business to Consumer) sono utilizzate, come nei concetti di e-commerce, per descrivere brevemente quali gruppi principali sono interessati.

Gartner, una società di consulenza internazionale, ha formulato un modello di e-governance in quattro fasi. Questo modello può servire ai governi come riferimento per posizionare un progetto nell'evoluzione complessiva di una strategia di e-governance. La maggior parte dei governi inizia fornendo informazioni online, ma la domanda del pubblico e l'efficienza interna richiedono presto servizi più complessi. Naturalmente questo avviene gradualmente; alcuni servizi saranno online prima di altri.

Le quattro fasi

Nella prima fase, e-governance significa semplicemente essere presenti sul web e fornire informazioni rilevanti al pubblico (G2C e G2B). Il formato dei primi siti web governativi è simile a quello di una brochure o di un opuscolo. Con l'entrata in vigore della legge sul diritto all'informazione (Right to Information Act) del 2005, l'uso dei siti web per fornire informazioni al pubblico e alle imprese da parte dei governi è diventato molto popolare. Il valore per il pubblico è che le informazioni governative sono accessibili pubblicamente; i processi sono descritti e diventano più trasparenti, il che migliora la democrazia e il servizio. A livello interno (G2G) il governo può anche diffondere informazioni statiche con mezzi elettronici, come Internet.

Nella seconda fase, l'interazione tra l'amministrazione e il pubblico (G2C e G2B) è stimolata da varie applicazioni. I cittadini possono porre domande via e-mail, utilizzare motori di ricerca e scaricare moduli e documenti. Tutto ciò consente di risparmiare tempo. In effetti, l'accettazione completa delle domande (semplici) può essere effettuata online 24 ore su 24. Normalmente, ciò sarebbe stato possibile solo con l'ausilio di un'applicazione. Normalmente ciò sarebbe stato possibile solo presso uno sportello durante l'orario di apertura. A livello interno (G2G), le organizzazioni governative utilizzano LAN, intranet ed e-mail per comunicare e scambiare dati.

Con la terza fase, la complessità della tecnologia aumenta, ma anche il valore per i clienti (G2C e G2B) è maggiore. Le transazioni complete possono essere effettuate senza recarsi in un ufficio. Esempi di servizi online sono la presentazione dell'imposta sul reddito, la presentazione dell'imposta sulla proprietà, la proroga/rinnovo di licenze, visti e passaporti e il voto online. La terza fase è resa complessa da problemi di sicurezza e personalizzazione. Ad esempio, saranno necessarie firme digitali (elettroniche) per consentire il trasferimento legale dei servizi. Per quanto riguarda le imprese, il governo sta iniziando con le applicazioni di eprocurement. In questa fase, i processi interni (G2G) devono essere riprogettati per fornire un buon servizio. Il governo ha bisogno di nuove leggi e normative per consentire transazioni senza carta.

La quarta fase è quella in cui tutti i sistemi informativi saranno integrati e il pubblico potrà ottenere servizi G2C e G2B presso un unico sportello (virtuale). Un unico punto di contatto per tutti i servizi è l'obiettivo finale. L'aspetto complesso nel raggiungimento di questo obiettivo è principalmente interno, ad esempio la necessità di cambiare drasticamente la cultura, i processi e le responsabilità all'interno dell'istituzione governativa (G2G). I dipendenti pubblici di diversi dipartimenti devono lavorare insieme in modo fluido e senza interruzioni. In questa fase i risparmi sui costi, l'efficienza e la soddisfazione dei clienti raggiungono i massimi livelli possibili.

Componenti dell'e-governance:

Si possono individuare i seguenti componenti :
- Componente tecnologico con dimensione elettronica.
- Componente sociale con dimensione egualitaria.
- Componente culturale con dimensione etica.
- Componente politica con dimensione di attuazione.
- Componente psicologica con dimensione estensionale.
- Componente del servizio con dimensione Empowerment

Componente tecnologica:

Si tratta di educare le persone che fanno parte della struttura burocratica o che si trovano al di fuori della sua periferia all'uso dei mezzi elettronici per sviluppare una migliore connettività all'interno e con il sistema. Richiede l'uso dei computer per sviluppare la base di dati, (b) la creazione di reti per facilitare la comunicazione, (c) la creazione di lavoratori della conoscenza elettronica per aumentare le loro potenzialità. Si concentra sulla "e" di conoscenza elettronica e sul suo corretto utilizzo.

Componente sociale:

Il dovere fondamentale di ogni governo è quello di creare una società basata sui principi di uguaglianza e giustizia. È necessario creare una società senza classi, senza distinzioni tra chi ha e chi non ha, in cui nessuno sia emarginato dal flusso principale e che si impegni a fornire un'essenza di vita rispettosa alla sua gente senza alcuna discriminazione di casta o razza. Questo è possibile quando le persone saranno consapevoli dei loro diritti e doveri, da un lato, e conosceranno le politiche governative adottate per loro su questioni correlate, dall'altro, e quindi si potrà sviluppare una società vigile in cui potranno alzare la voce mettendo in discussione le decisioni governative. Questo aiuterebbe a raggiungere la "e" di società egualitaria con una spinta all'uguaglianza.

Componente culturale:

Con l'avvento dell'era dell'esplosione della conoscenza, è necessario riorientare alcuni modelli di valore senza erodere la struttura normativa fondamentale di qualsiasi sistema sociale. Non si può quindi negare la necessità di creare modelli di valore che favoriscano il funzionamento della e-governance, concentrandosi sull'etica del lavoro. Elaborare il quadro etico è quindi la chiave per andare avanti, scartando i valori obsoleti che ostacolano il potenziale utilizzo. La "e" di quadro etico deve quindi essere il punto focale nella costruzione di un sistema basato sulla moralità.

Componente politica:

Il sistema politico è un aspetto essenziale della governance. Ha la responsabilità di razionalizzare i vari quadri operativi attraverso la promulgazione di leggi. Questo aiuta a mantenere e sostenere la forza coesiva necessaria alla società per integrare le persone e indurle a seguire una politica uniforme per raggiungere i propri obiettivi. Questo si riferisce all'importanza della "e" della promulgazione delle leggi per impedire la disintegrazione della società.

Componente psicologica:

Lo sviluppo della psicologia necessaria per facilitare la formazione e l'inculcamento di atteggiamenti corretti nelle persone è un prerequisito per l'efficienza. Oltre a questo, la disponibilità a entrare in contatto con le persone, ad ascoltare le loro domande, a cercare soluzioni, a migliorare le capacità comunicative, ecc. saranno elementi necessari per modificare il comportamento. È quindi necessario apportare modifiche alla personalità per soddisfare le esigenze dell'uomo comune. Questo si riferisce in particolare alla "e" di estensione di sé in modo da avere relazioni sociali costruttive e collaborative.

Componente del servizio:
La funzione ultima di ogni governo è quella di servire. In quanto fornitore di buoni servizi alla popolazione, deve assimilare i bisogni fondamentali e le aspettative dell'uomo comune nella documentazione della politica, che poi deve essere attuata con lo spirito giusto. In questo modo si sviluppa una pressione costante sul governo affinché risponda alle richieste dei cittadini, che si rendono conto del potere che possono esercitare sul governo per mantenere l'imparzialità, l'integrità e la trasparenza del suo funzionamento. Questo spiega la "e" di empowerment delle persone in qualsiasi sistema.

Interazione tra i vari componenti
Sarebbe pertinente analizzare la relazione interattiva tra le varie componenti identificate sopra, in modo da comprendere l'ecologia della e-governance. Queste componenti non sono solo interdipendenti, ma anche interrelate tra loro, nel senso che l'output di una componente diventa l'input dell'altra. Emerge così una relazione di tipo universale che si sostanzia nell'assimilazione dell'impatto delle forze esterne. Una rappresentazione schematica è autoesplicativa a questo proposito. Le interrelazioni definitive tra i vari componenti ricambiano l'E-Governance, in modo tale che l'impatto risultante sia la trasformazione della società in una società che ha una giusta conoscenza, una giusta moralità e un giusto modo di perpetuare l'ethos praticante.

Sfide per lo sviluppo
In questa sezione vengono discusse le sfide dell'e-governance, in particolare per i Paesi in via di sviluppo. Vengono presentate quattro analisi SWOT, con particolare attenzione agli aspetti politici, sociali, economici e tecnologici. Ciascuna di esse è di alto livello e può costituire un punto di partenza per ulteriori ricerche e progetti concreti.

Gli aspetti politici legati all'e-governance comprendono le strategie e le politiche, le leggi e la legislazione, la leadership, i processi decisionali, i problemi di finanziamento, gli affari internazionali e la stabilità politica.

Esempi di alcuni **aspetti sociali** legati all'e-governance sono le persone, il (livello di) istruzione, l'occupazione, il reddito, il digital divide, le aree rurali rispetto alle città, i ricchi rispetto ai poveri, l'alfabetizzazione, le competenze informatiche.

Gli aspetti economici legati all'e-governance sono i finanziamenti, i risparmi sui costi, i modelli di business, il commercio elettronico e le ricadute dell'e-governance.

Gli aspetti tecnologici riguardano il software, l'hardware, l'infrastruttura, le telecomunicazioni, il personale specializzato in informatica, la manutenzione, la sicurezza e la protezione.

Nell'esaminare il rischio dell'implementazione di soluzioni di e-governance, occorre tenere conto dei seguenti fattori.

- Stabilità politica (democrazia o regime dittatoriale)
- Livello di fiducia nel governo (percezione dei livelli di servizio)
- L'importanza dell'identità del governo (frammentazione o integrazione)
- Struttura economica (istruzione, agricoltura, industria o servizi)
- Struttura di governo (centralizzata o decentralizzata)
- Diversi livelli di maturità (la parte più debole della catena determina la velocità)
- Domanda dei costituenti (push o pull)

Implementazione dell'e-governance

Il modello presentato può servire ai governi come riferimento per posizionare i progetti nell'evoluzione generale della loro implementazione dell'e-governance. Il modello può anche aiutare i governi a definire una visione e una strategia di e-governance. Una visione è un obiettivo di alto livello, o livello di ambizione, del governo per quanto riguarda la democrazia, il governo e gli aspetti commerciali dell'e-governance. Una strategia consiste in piani che traducono la visione in progetti SMART (semplici, misurabili, responsabili, realistici e legati al tempo). Una buona strategia è fondamentale per mantenere la velocità del processo di riforma e di implementazione. Pertanto, è necessario disporre di budget, avviare trasformazioni giuridiche che richiedono tempo e ottenere risultati rapidi da comunicare a tutte le parti interessate, compresa la popolazione.

Un buon approccio all'implementazione dell'e-governance consiste nel combinare passi a breve termine (progetti) e obiettivi a lungo termine (visione). I progetti avranno un valore più strutturale per lo sviluppo se inseriti in una visione e sostenuti da una strategia. Un'azienda ha definito un approccio per implementare i progetti di e-governance:

Vincoli e insidie nell'implementazione dell'e-governance

Il sistema burocratico convenzionale, basato sull'impersonalità burocratica e sull'ortodossia procedurale, si manifesta sotto forma di impedimenti all'implementazione dell'e-Governance, che continuano a influenzarla negativamente. Gli impedimenti o i vincoli sono i seguenti:

Valori di classe elitari:

Una parte selezionata della società che fa parte del sistema burocratico sviluppa la propria struttura di valori. Questo ritarda la crescita di qualsiasi società ed è dannoso per lo sviluppo.

Stagnazione procedurale:
La burocrazia continua a seguire procedure che sono obsolete, costose e non aiutano a raggiungere gli ambiti di lavoro e di responsabilità più ampi. L'intero potenziale rimane intrappolato nella routine, bloccando così il flusso di energia potenziale e generando insoddisfazione tra le persone in generale. La stagnazione, in ultima analisi, porterebbe al decadimento dell'amministrazione.

Apparecchiature attitudinali:
La prigionia delle idee tra i burocrati si traduce nella fissazione di atteggiamenti che danno origine a mentalità definitive che guardano alla situazione in una prospettiva limitata. L'impatto risultante si manifesta sotto forma di rifiuto di modi innovativi per risolvere questioni di importanza pubblica. In questo modo si impedisce che nel sistema avvenga una comunicazione efficace, la cui assenza non facilita il libero flusso di idee per esaminare le situazioni.

Limite della regola:
Le regole sono formulate per sviluppare modelli comportamentali che riducano il fattore di varianza umana nell'organizzazione. Le regole vengono formulate anche per dare all'assegnazione dell'autorità una base legale e razionale all'interno del dominio definito della giurisdizione lavorativa. Ma quando le regole non riescono a rispondere alle esigenze del cambiamento a causa di un'eccessiva dipendenza da esse, il risultato finale è la mancata performance. Inoltre, l'interpretazione delle regole può talvolta portare a conflitti situazionali, ritardando così il raggiungimento degli obiettivi. Questo può anche essere visto come una radice di evasione per non svolgere i compiti che sono stati assegnati.

Interesse parrocchiale:
Una volta che le persone entrano nella burocrazia, la sicurezza del posto di lavoro data loro sotto forma di carriera non le aiuta a diventare visionarie. Inoltre, la burocrazia perde il suo valore perché, anziché lavorare come strumento per convertire le richieste sociali in realtà, si concentra maggiormente sul soddisfacimento degli interessi personali.

Discontento sociale:
La burocrazia, a causa dell'interazione dei suddetti impedimenti, lascia praticamente insoddisfatti i suoi cittadini, i cui bisogni rimangono insoddisfatti. In questo modo trasmette

la sensazione negativa di essere uno strumento di abuso di autorità. Di conseguenza, diventa una fonte di malcontento sociale e la sensazione di non adempiere agli obblighi sociali influisce sul loro rendimento.

Sindrome da burn out:

Qualsiasi sistema che sia poco propenso a correre rischi provoca un affaticamento mentale e fisico nelle persone che lavorano in questa organizzazione. Aderendo rigorosamente alla routine, il lavoro viene considerato un peso e non lascia spazio a ruoli impegnativi. Questo, a sua volta, fa emergere la sensazione di non performer. Oltre a questo, un'altra ragione può essere l'illusione di essere sovraccaricati con un carico di lavoro eccessivo, che poi porta alla sindrome del burn out. Questo riduce l'efficienza del sistema.

Strategie di e-Governance

Poiché l'e-Governance ha accorciato il divario tra le diverse culture, cercando di creare una società globale con un'enfasi mega-culturale, si possono individuare le seguenti strategie, il cui utilizzo faciliterà il raggiungimento di questo obiettivo, anche se la gestione di tali strategie varierà di ritmo nei diversi Paesi.

Consulenza transitiva:

Per ridurre la resistenza, le persone devono essere preparate a uscire dalla fase di transizione. Per questo motivo è necessaria un'adeguata consulenza per quanto riguarda i cambiamenti di atteggiamento, il riorientamento della mentalità, ecc. ai vari livelli di funzionamento del governo.

Accessibilità elettronica:

È necessario dotare le persone delle conoscenze necessarie per l'uso dei mezzi elettronici multimediali, impartendole attraverso varie istituzioni. È necessario creare istituti tecnologicamente avanzati e dotati di competenze che si affermino come centri di eccellenza, impartendo alle persone le conoscenze elettroniche.

Networking istituzionale:

Le varie agenzie necessarie a diversi livelli di funzioni governative devono essere portate all'interno del quadro costituzionale, emanando leggi per il controllo dei loro componenti formali e informali. È necessario garantire una connettività su larga scala.

Quadro etico:

Oltre al quadro giuridico, la moralità deve essere l'area chiave in cui ogni società deve elaborare un piano strategico progettando un'etica prima di adottare la e-governance. Il quadro di riferimento deve essere di supporto al modello normativo fondamentale della società, in modo da ottenere un'ulteriore leva per perpetuare i modelli di valori necessari.

Strategie di spostamento dei ruoli:
I nuovi stress sono i prodotti della società basata sulla conoscenza. Per questo motivo è necessario introdurre meccanismi di coping psicologico più umanitari, basati su cambiamenti di ruolo collaborativi. Ogni ruolo, sia organizzativo che personale, deve essere modificato in modo tale da poter gestire gli effetti del cambiamento senza che si arrivi a una situazione di crisi. Si tratta di imparare come e dove è necessario il cambiamento di ruolo.

Struttura neo-burocratica:
Una conseguenza della e-governance. La struttura burocratica convenzionale presenta molti impedimenti, a causa dei quali non è riuscita a rispondere ai cambiamenti nel modo auspicabile. Tuttavia, con l'aiuto della pianificazione strategica, è possibile creare una struttura burocratica rinnovata come strumento in grado di incanalare il libero flusso di energia, modellandosi come un sistema che nutre la sensibilità e si basa sull'etica della cultura professionale. Comprendendo l'ecologia dell'e-governance, le strategie devono essere progettate per far evolvere un sistema che abbia le seguenti caratteristiche.

Valori sociali universali.
Gli insiemi di valori elitari devono essere sostituiti da insiemi di valori universali basati su un'equa rappresentanza di tutti i settori della società. Questo accumulo di valori divergenti deve essere razionalizzato attraverso opportune convergenze per formare una società giusta, inoculando elementi virtuosi mescolati con un approccio scientifico di base per guardare, analizzare e rispondere alle situazioni. Questo libererebbe le persone dalle pressioni che vengono esercitate su di loro perché rappresentano determinati insiemi di valori.

Innovatività procedurale:
L'obsolescenza delle procedure non trova spazio nello scenario emergente della e-governance. Le procedure devono essere aggiornate alla luce dei progressi tecnologici. Oltre ad apprendere le conoscenze tecniche, le persone devono saper sviluppare modi creativi per ottenere il massimo risultato per lo sviluppo della società.

Mobilità attitudinale:
La fissazione degli atteggiamenti è dannosa per la crescita. Gli atteggiamenti devono essere mobili, in modo da creare uno spazio sufficiente per la collaborazione con altre idee positive. È necessario riorientare la mente nella direzione di disimparare le vecchie premesse e di apprendere nuove procedure, in modo che le idee fresche trovino spazio nell'amministrazione.

È solo attraverso la creatività che le prestazioni possono essere migliorate fino a raggiungere il livello di eccellenza.

Flessibilità delle regole:
Le regole sono necessarie per formare una struttura formale basata sull'assegnazione dell'autorità. Ma la rigidità delle regole, con un'eccessiva dipendenza, lascia spazio a interpretazioni alternative. È quindi necessario un insieme di regole ben strutturate, prive di ambiguità e sufficientemente flessibili da permettere di incorporare i cambiamenti necessari per rispondere alle esigenze.

Interesse più ampio:
La burocrazia, dovendo lavorare per l'interesse della società, deve creare un sistema aperto, trasparente, reattivo e responsabile. Questo è possibile quando una visione più ampia sostituisce una visione più ristretta con un impegno per l'uguaglianza e la giustizia. Le riflessioni associative devono essere completamente evitate.

Appagamento sociale:
Quando il sistema si evolve a un livello superiore di funzionamento come strumento efficace per convertire le richieste pubbliche in realtà, la sua utilità viene ristabilita. Questo aiuta anche a comprendere l'importanza delle istituzioni e delle loro responsabilità sociali, per cui la burocrazia emerge come un sistema conteso.

Sindrome da riciclo energetico:
Una volta rimossi i blocchi energetici sotto forma di impedimenti, il flusso regolare di energia rivitalizza il sistema. L'intero potenziale del sistema e degli altri viene utilizzato al meglio. Questo facilita l'utilizzo della capacità. La rappresentazione schematica della relazione tra burocrazia, strategia di intervento e struttura neoburocratica è illustrata di seguito.

CENARIO E-GOVERNANCE-MONDO

Nella scienza dell'amministrazione, sia essa pubblica o privata, i requisiti fondamentali sono l'efficienza, l'economia e l'efficacia (3E). In realtà, questi requisiti possono essere raggiunti solo attraverso il buon governo. Con la rapida espansione della pubblica amministrazione, si avverte sempre più l'esigenza del bene pubblico e della trasparenza nell'amministrazione. Questo scopo dichiarato può essere realizzato e affermato attraverso il buon governo. E il fine - il buon governo - può essere raggiunto attraverso un mezzo adeguato, cioè l'e-governance. In questo ventunesimo secolo tecnologicamente avanzato, l'amministrazione non può mai rimanere tagliata fuori dalla tecnologia dell'informazione. È un dato di fatto che i Paesi sviluppati hanno sfruttato appieno i vantaggi delle tecnologie dell'informazione e della comunicazione. Al contrario, i Paesi in via di sviluppo sono sporadici nell'applicazione delle TIC. Di conseguenza, è inevitabile un visibile divario digitale tra i Paesi in via di sviluppo e quelli sviluppati. Nei Paesi sviluppati, computer e Internet sono alla base della fornitura di servizi, mentre nella maggior parte dei Paesi in via di sviluppo sono ancora trattati come un lusso. Inoltre, la mancanza di fondi, di manodopera qualificata, di tecnologia e soprattutto di volontà politica hanno peggiorato la situazione. In questo capitolo, il ricercatore cerca di evidenziare le lacune esistenti nella formulazione e nell'esecuzione dei progetti di e-governance tra i Paesi in via di sviluppo e quelli sviluppati, come Stati Uniti, Regno Unito, Australia e Nuova Zelanda.

E-Governance negli Stati Uniti

Senza dubbio, gli Stati Uniti sono leader mondiali nell'e-governance. Il Presidente degli Stati Uniti ha già annunciato la proposta di fornire un'unica interfaccia di tutte le informazioni e i servizi governativi attraverso un portale unificato che sarà chiamato "www.firstgov.gov". Il Paese ha delineato un'agenda di gestione per rendere il governo più focalizzato sui cittadini e sui risultati, che include l'espansione dell'orizzonte della e-governance. Questa riforma della governance è guidata principalmente da tre principi: Centralità del cittadino, Orientamento ai risultati e Mercato. Questi principi sono integrati per sviluppare gli obiettivi della riforma del governo, che sono evidenziati in un'agenda di gestione. Essi sono:

- Gestione strategica del capitale umano
- Integrazione di budget e prestazioni
- Sourcing competitivo

- Ampliamento dell'uso di Internet e delle risorse informatiche per fornire servizi governativi.
- Miglioramento della gestione finanziaria

E-Governance nel Regno Unito

Anche il governo britannico ha compiuto passi notevoli per l'e-governance. Ha avviato il sito www.direct.gov.uk per la fornitura di servizi online ai cittadini. Direct.gov riunisce la più ampia gamma di informazioni e servizi pubblici online. Prodotto dall'Ufficio centrale per l'informazione, www.Direct.gov fornisce informazioni provenienti da tutti i dipartimenti governativi del Regno Unito su argomenti che vanno dalla sicurezza dei viaggi al congedo parentale, dai bisogni educativi speciali ai servizi locali del Servizio sanitario nazionale. Il sito riunisce anche un numero crescente di servizi governativi online per semplificare la vita. Si può navigare per gruppi di pubblico, come disabili, britannici che vivono all'estero, over 50, cares e genitori. È possibile effettuare ricerche per argomento, tra cui denaro, tasse e sussidi, occupazione, viaggi e trasporti, salute e benessere, istruzione e apprendimento e motori. Se una persona ha bisogno di ulteriori informazioni, il sito dà accesso a elenchi governativi, oltre a link a terze parti interessate che possono offrire ulteriori consigli e supporto di fiducia. Anche uno straniero può richiedere la cittadinanza britannica online. Nel 1998 è stato creato il National Grid for Learning (NGFL), un punto di riferimento per l'apprendimento su Internet. Le iniziative di e-government nel Regno Unito mirano a:

- Rendere le informazioni governative ampiamente e liberamente disponibili
- Rendere le informazioni pubblicamente accessibili e utili ai principi della Carta del cittadino
- Incoraggiare un governo aperto e trasparente

Anche le circoscrizioni politiche del Regno Unito, come l'Inghilterra, il Galles, la Scozia e l'Irlanda del Nord, hanno preso notevoli iniziative per fornire servizi elettronici ai cittadini. Anche le autorità locali non sono escluse dall'ambito dell'e-governance nel Regno Unito. Non solo le autorità locali cercano di capire cosa vogliono i cittadini in termini di e-government, ma cercano anche di fornire informazioni e servizi elettronici in modo da soddisfare le loro esigenze. Si è parlato molto del "divario digitale", del potenziale della tecnologia di rafforzare l'esclusione sociale rendendo più difficile per le persone l'accesso ai servizi e la partecipazione alla democrazia. Molte persone non possono permettersi i computer, non sanno come usarli, ne sono intimorite o preferiscono altri modi per parlare con il Consiglio. Ma c'è il potenziale per superare questi ostacoli fornendo una serie di canali di servizio abilitati all'e-government, insieme all'accesso alla tecnologia e alle competenze di Internet per tutti coloro che lo desiderano. L'e-government ha il potenziale per aumentare la velocità e l'efficienza dei processi interni alle autorità locali, consentendo a queste ultime di ripensare e migliorare il funzionamento del "back office".

Le autorità locali sembrano riconoscere che l'e-government ha implicazioni di vasta portata per il loro modo di operare e per il raggiungimento dei loro obiettivi organizzativi. L'analisi rivela che l'egovernment si riflette spesso in una serie di diversi piani e strategie locali, suggerendo il raggiungimento di una serie di obiettivi e traguardi. Le autorità locali riconoscono ovviamente l'importanza di avere una forte leadership per portare avanti l'implementazione dell'egovernment, dato che quasi tutte le autorità locali hanno un ufficiale superiore e un membro eletto come e-champion.

Giappone

Nel gennaio 2001, la sede centrale della Strategia per le TIC ha adottato la **Strategia e-Japan**, che prevedeva che il Giappone diventasse la nazione più avanzata al mondo nel campo delle TIC entro cinque anni. Nel 2003 è stato adottato il "Programma per la costruzione dell'e-Government". Esso costituisce la base per le iniziative di e-government in corso. Il Programma per la costruzione dell'e-government ha due obiettivi principali: la creazione di un servizio amministrativo orientato all'utente e l'istituzione di un'amministrazione efficiente ed economicamente vantaggiosa. Per raggiungere questi obiettivi, è necessario raggiungere tre obiettivi: fornire migliori servizi al pubblico, rinnovare i processi e i sistemi aziendali e sviluppare l'infrastruttura per l'e-government. Nel tentativo di fornire servizi migliori al pubblico, la strategia E-Japan prevede che le procedure amministrative tra governo e consumatori e tra governo e imprese siano completamente online, impegnandosi a trattare le informazioni digitali allo stesso livello di quelle cartacee. A marzo 2005, circa 14.000 (cioè il 96%) delle procedure amministrative nazionali previste potevano essere svolte e completate online, anche in settori come la fornitura di servizi, la registrazione di immobili, la tassazione nazionale e la previdenza sociale (http:// unpan1.un.org/ intradoc/ groups/ public/ documents/ other/ unpan022094.pdf, 2010).Con l'introduzione dell'infrastruttura a chiave pubblica del Governo attraverso un codice chiave criptato, i cittadini possono effettuare transazioni online in tutta sicurezza con qualsiasi Ministero. Con l'introduzione dell'infrastruttura a chiave pubblica del Governo, attraverso un codice chiave criptato, i cittadini possono effettuare transazioni online con qualsiasi Ministero in modo sicuro, ottenendo una certificazione digitale che conferma la loro identità, riducendo così il furto di identità e le frodi.

Singapore
Gli importanti programmi di e-governance valutati per Singapore sono: Sistema di applicazione online per i servizi integrati e il sistema BizFile.

Il Sistema di richiesta online per servizi integrati è un progetto innovativo che coinvolge più di 30 agenzie governative. Si concentra sulla riduzione della burocrazia per le licenze e sul rendere la richiesta di licenze efficiente, più conveniente e senza problemi per le imprese, soprattutto per le start-up. Fornisce una piattaforma opportuna per eliminare le inefficienze burocratiche all'interno di molte agenzie governative. È stata condotta un'ampia revisione delle politiche per 154 licenze, attraverso la quale sono state identificate 11 licenze da eliminare. Le procedure di richiesta per le licenze rimanenti sono state sistematicamente riorganizzate; ciò ha permesso di ridurre il tempo medio di elaborazione da 3 settimane a 12,5 giorni. Insieme alla revisione delle strutture tariffarie, i risparmi per le imprese superano 1,8 milioni di dollari all'anno. L'80% di tutte le nuove imprese di Singapore, ovvero più di 30.000 imprese all'anno, possono richiedere online, attraverso l'Online Business Licensing Service, una o più delle 69 licenze comunemente necessarie per avviare la propria attività, senza ricorrere a mezzi offline. Come naturale estensione del servizio di richiesta online, l'Online Business Licensing Service consentirà ai richiedenti di completare online i rinnovi, gli aggiornamenti e le cessazioni delle licenze.

Il sistema BizFile è il primo progetto governativo di deposito completamente elettronico nell'area Asia-Pacifico e tra i pionieri a livello mondiale che consente ai cittadini di depositare online, senza bisogno di firme, tutti i moduli aziendali prescritti dalla legge ai fini della registrazione e dei requisiti di pubblicità legale. L'intera struttura è stata trasformata da un sistema di deposito manuale basato su moduli a un sistema di deposito online orientato alle transazioni, sia nel front-end che nel back-end. Il tempo di esecuzione di alcune transazioni si è ridotto da 10 giorni a 2 ore (www.rcb.gov.sg, 2010).

Il sistema BizFile aumenta la produttività e migliora i tempi di consegna ai clienti eliminando i processi di lavoro ad alta intensità di manodopera; migliora l'accuratezza e la tempestività delle informazioni fornite eliminando l'inserimento manuale dei dati; crea un efficace sistema di archiviazione user friendly per tutti i moduli e i documenti di supporto; costruisce un efficace sistema di conformità per monitorare i requisiti di divulgazione statutaria. Le modifiche legali e la riorganizzazione del sistema hanno portato a una drastica riduzione dei tempi di elaborazione (http:// unpan1.un.org/ intradoc/ groups/ public/ documents/ other/unpan022726.pdf). Il sistema è inoltre accessibile ai clienti senza limiti di tempo e di luogo.

Francia
Il progetto Service-Public Local Platform è il risultato di una partnership tra la Documentation franchise (dipartimento del Primo Ministro ed editore di service-public.fr) e un ente finanziario pubblico che si occupa di sviluppo locale. L'obiettivo della partnership è stato quello di sviluppare una piattaforma che permettesse il co-branding con service-public.fr per i siti web locali e promuovesse lo scambio di dati. La piattaforma service-public local migliora il portale di e-government locale, incentrato sul cittadino e sviluppato dalle autorità locali, organizzando lo scambio di dati tra enti pubblici nazionali, regionali e locali. Questa piattaforma è operativa dall'ultimo trimestre del 2002 ed è già utilizzata da oltre 50 enti locali e città, da Parigi ad Aubazine (http://www.service-public.fr, 2010). Il pubblico riceve un servizio migliore per quanto riguarda tutti i servizi coperti da service-public.fr (circa 2.700), comprese le informazioni locali rilevanti (http://unpan1.un.org/intradoc/groups/public/documents/other/unpan022020). È possibile evitare la duplicazione dei dati ufficiali, l'immagine delle amministrazioni locali è migliorata e la fiducia nella fornitura di servizi da parte dell'e-government rispetto all'amministrazione tradizionale è aumentata. Inoltre, è stata rafforzata la cooperazione tra i servizi pubblici locali.

Germania
Registrazione civile online, che mira alla formulazione di principi di base per fornire standard per la comunicazione tra cittadini e pubblica amministrazione, nonché tra le pubbliche amministrazioni. Oltre al servizio di informazioni anagrafiche online, sono disponibili anche i servizi di cambio di indirizzo (in caso di trasferimento) via Internet e lo scambio automatizzato di dati tra gli uffici anagrafici tedeschi (http://www.moin.ag).

I servizi di registrazione online contribuiscono a rendere il servizio più economico per il cliente e a ridurre i costi del personale da parte dell'autorità (http:// unpan1.un.org/ intradoc/ groups/ public/ documents/ other/ unpan022351,2010). Si riceve più tempestivamente una migliore qualità dei dati di registrazione (fino al 20% in più di qualità dei dati) e si procede più rapidamente all'elaborazione dei servizi di registrazione. Anche la burocrazia viene ridotta da entrambe le parti.

E-Governance in Australia
Anche i risultati dell'Australia in materia di e-governance sono degni di nota. Ha istituito un ufficio separato per l'e-government. La missione dell'Office of e-Government, istituito nel febbraio 2003, è quella di trasformare il modo in cui il governo opera attraverso la leadership e la collaborazione nell'uso delle tecnologie dell'informazione e della comunicazione:

- *Migliorare l'efficienza interna*: migliorare i processi all'interno delle agenzie e tra di esse per ridurre i costi e migliorare i servizi.

- *Trasformare l'erogazione dei servizi*: Servizi più personalizzati e accessibili, facili da usare per la comunità.

- *Coinvolgere la comunità*: Interazione più semplice, in modo che le persone possano capire e contribuire al governo.

E-Governance in Nuova Zelanda
In Nuova Zelanda, l'e-government si è sviluppato rapidamente a partire dagli anni '90. Nel 2001, il lavoro della nuova unità ha portato alla pubblicazione da parte del governo della prima strategia di e-government della Nuova Zelanda. Questo documento definiva gli obiettivi strategici dell'e-government neozelandese.

programma di governo con l'obiettivo di fare della Nuova Zelanda "un leader mondiale nell'egovernment".

I servizi offerti dall'e-government neozelandese includono i seguenti.

1. Appalti nella pubblica amministrazione:
Fornire alle agenzie governative modalità di collaborazione per l'acquisto di beni e servizi attraverso appalti sindacati, l'adozione di processi di best practice e la condivisione di conoscenze. Le agenzie governative possono utilizzare uno "spazio di lavoro condiviso" sviluppato per gli addetti agli acquisti. Questo spazio di lavoro fornisce una serie di informazioni relative agli acquisti, tra cui opportunità attuali e future, corsi di formazione sugli acquisti, "lezioni apprese" da altre agenzie, politica sugli acquisti e assistenza facoltativa, consulenza sui contratti e link ad altri siti relativi agli acquisti.

2. Rete condivisa dal governo:
La Government Shared Network (GSN) è una nuova rete che consentirà alle agenzie governative di condividere le informazioni a velocità più elevate e in modo più economico. La rete condivisa migliorerà la fornitura di informazioni e servizi al pubblico neozelandese. Caratteristiche principali della rete condivisa:

- Una rete sicura in fibra ottica che collega le agenzie governative di Wellington.
- Una rete WAN (Wide Area Network) che collega le sedi delle agenzie governative in tutta la Nuova Zelanda su una rete sicura per voce e dati.
- Servizi forniti sulla rete condivisa, tra cui l'accesso a Internet, la telefonia IP, l'accesso remoto sicuro e l'archiviazione dei dati fuori sede.

3. Autenticazione online:

Il Programma di autenticazione per tutto il governo è iniziato nel 2000 con l'obiettivo di determinare cosa il governo potrebbe fare per aiutare le persone ad autenticarsi in modo più comodo e sicuro quando effettuano transazioni con le agenzie governative utilizzando Internet. Per utilizzare alcuni servizi governativi, è necessario verificare la propria identità. È inoltre necessario sapere che si sta trattando con un vero ente governativo. Il processo di verifica della propria identità e di accertamento dell'autenticità dell'agenzia si chiama "autenticazione". Negli ultimi anni, la State Service Commission ha collaborato con una serie di gruppi e agenzie di interesse pubblico per esaminare cosa potrebbe significare l'autenticazione online per le persone e le agenzie governative che si relazionano online. L'attenzione si è concentrata sulla determinazione di un approccio che permetta a. I singoli individui possono avere fiducia quando effettuano transazioni online con le agenzie governative neozelandesi. Nell'aprile 2002, questo lavoro ha portato all'approvazione da parte del governo di una serie di modelli di politiche e principi di implementazione, sviluppati alla fine del 2002 per rappresentare i possibili modi di ottenere un approccio coerente all'autenticazione online. Questi modelli sono stati analizzati per determinare le implicazioni di ciascun approccio ed è stato richiesto un feedback attraverso una consultazione pubblica. Nel giugno 2003 il governo ha deciso di procedere alla progettazione di una soluzione di autenticazione per tutto il governo. Con il contributo di una serie di gruppi e persone, l'unità di e-government ha determinato come potrebbe funzionare una soluzione di questo tipo e ha considerato le varie implicazioni che potrebbe comportare.

Intranet del settore pubblico:
La Public Sector Intranet (psi.gov.nz) ha l'obiettivo di fornire un unico punto, accessibile a tutti i dipendenti pubblici, dove condividere le informazioni con i colleghi. Permette alle persone di trovare facilmente le informazioni di cui hanno bisogno per il loro lavoro e di stabilire contatti con altre agenzie. Permette di creare uno scenario di comunità, interessi condivisi e cooperazione tra agenzie.

E-GOVERNANCE: LO SCENARIO INDIANO
Il concetto di e-governance si è imposto in India negli anni Settanta. Si è concentrato principalmente sullo sviluppo di applicazioni governative interne nelle aree della difesa, del monitoraggio economico, della pianificazione e dell'impiego delle tecnologie informatiche per gestire funzioni ad alta intensità di dati relative a elezioni, censimenti, amministrazione fiscale, ecc. L'India è uno dei Paesi in via di sviluppo che sta attualmente lanciando importanti progetti di e-governance con l'obiettivo di migliorare i processi governativi, collegare il governo ai cittadini e creare interazione tra la società civile (Madon Shirin, 2004). Gli sforzi del National Informatics Center (NIC) per collegare tutte le sedi distrettuali negli anni Ottanta hanno rappresentato uno sviluppo molto significativo. A partire dai primi anni Novanta, le tecnologie informatiche sono state integrate da tecnologie TIC per estenderne l'uso per applicazioni settoriali più ampie, con un'enfasi politica sul raggiungimento delle aree rurali e sul coinvolgimento delle ONG e del settore privato (Ravi Kiran e Aupam Sharma, 2008). Nel quadro dell'Egovernance per lo sviluppo, si è assistito a un crescente coinvolgimento delle agenzie di donatori internazionali per catalizzare lo sviluppo di leggi e tecnologie di e-governance nei Paesi in via di sviluppo.

Sebbene l'enfasi sia stata posta principalmente sull'automazione e l'informatizzazione, i governi statali hanno anche cercato di utilizzare gli strumenti TIC per la connettività, il collegamento in rete, la creazione di sistemi per l'elaborazione delle informazioni e la fornitura di servizi. A livello micro, si va dall'automazione informatica nei singoli dipartimenti, alla gestione elettronica dei file e dei sistemi di flusso di lavoro, all'accesso ai diritti, ai sistemi di reclamo pubblico e alla fornitura di servizi per le transazioni di routine ad alto volume, come il pagamento delle bollette e delle imposte, fino al raggiungimento degli obiettivi di riduzione della povertà attraverso la promozione di modelli imprenditoriali e la fornitura di informazioni di mercato. L'orientamento è stato diverso a seconda delle iniziative: alcune si sono concentrate sull'interfaccia cittadino-stato per vari servizi governativi, mentre altre si sono concentrate sul miglioramento dei mezzi di sussistenza. Ogni governo statale ha preso l'iniziativa di formare una task force informatica per delineare un documento di politica informatica per lo Stato e le carte dei cittadini hanno iniziato a comparire sui siti web governativi.

È iniziata come una rivoluzione nel lontano 1998, quando il governo cominciava a prendere atto degli imperativi dell'IT. Si è diffuso in tutto il Paese e ha ritenuto che una politica informatica globale sarebbe stata fondamentale per la diffusione dell'IT tra le grandi masse. Per la prima volta il governo ha deciso di dare priorità (anche se non in termini di quadro istituzionale) e si è concentrato sull'utilizzo dell'IT come veicolo principale per lo sviluppo socio-economico a tutto tondo del Paese e come alternativa per facilitare un mercato IT nazionale forte e vivace. Il governo e il settore privato hanno adottato misure per promuovere l'e-governance sia a livello centrale che statale.

L'e-government è considerato in evoluzione verso la maturità attraverso quattro fasi, come indicato nel seguente diagramma di Gartner. Gartner nel suo modello di maturità dell'e-governance classifica le fasi di sviluppo dell'e-governance in quattro stadi. Queste fasi sono state classificate sulla base delle esperienze di e-commerce e di e-governance in Europa e in altre regioni occidentali. Esse sono

Fase 1: Presenza sul web

La fase iniziale è quella in cui vengono creati i siti web governativi per fornire informazioni di base ai cittadini. La legge sul diritto all'informazione del 2005 (RTI) insiste sul fatto che le informazioni su tutti i servizi pubblici devono essere rese disponibili per l'accesso dei cittadini. Allo stesso modo, tutti i portali nazionali e statali forniscono le informazioni di base sui programmi e sui servizi governativi disponibili per i cittadini. Le informazioni possono essere di base e possono essere statiche o dinamiche, in grado di fornire accesso a database, documenti, politiche, programmi di welfare ecc.

Fase 2: interazione

I siti web governativi facilitano gli strumenti di interazione come e-mail, motori di ricerca, download di documenti ecc. E-Kiosks, e-seva Kendra, uffici postali, call center, centri cooperativi, ecc. sono in fase di realizzazione in Stati come Andhra Pradesh, Karnataka, Maharashtra e Rajasthan.

Fase 3: transazione

Le transazioni online possono essere effettuate dai cittadini o dalle parti interessate. Attualmente dipartimenti come la registrazione dei terreni, i trasporti, le tasse, ecc. sono in fase di implementazione in un numero maggiore di Stati, ma l'interoperabilità tra i sistemi disponibili rende difficile effettuare transazioni complete. Di conseguenza, le transazioni vengono parzialmente eseguite manualmente. Anche la sicurezza è un problema che richiede attenzione.

Fase 4: Trasformazione

Dove tutte le operazioni governative sono integrate e personalizzate, cioè rese integrali. Governo. Il portale nazionale e i pochi governi statali sono integrati per fornire un servizio unico ai cittadini.

Istituzioni per l'e-governance in India
Centro nazionale di informatica

Il National Informatics Centre (NIC), un'organizzazione collegata al Dipartimento, ha svolto un ruolo pionieristico nella diffusione dello sviluppo guidato dalle tecnologie informatiche.

La rete nazionale NICNET è composta da reti satellitari, wireless e cablate. Un certo numero di applicazioni e servizi basati sul flusso di lavoro, come videoconferenze, e-mail, portali web, e

Di seguito sono elencate alcune delle iniziative nazionali di e-governance:

apprendimento, geomatica, ecc., sono stati implementati in vari settori attraverso questa infrastruttura di rete dorsale per facilitare le iniziative di e-governance in tutto il Paese. Nel corso dell'anno sono stati ospitati oltre 500 portali aggiuntivi relativi a varie agenzie governative. È stato istituito un Centro di tecnologia aperta per fornire soluzioni tecnologiche aperte. Il NIC sta attuando il progetto di informatizzazione di 14.000 tribunali in tutto il Paese (NASSCOM, 2003). I comitati di esperti sull'e-governance hanno formulato standard per la firma digitale, la biometria, i meta-dati e gli standard tecnologici per l'interoperabilità.

Il Ministero dell'IT ha redatto il Piano d'azione nazionale per l'e-governance (NeGAP) da attuare nel periodo 2003-2007. Il piano mira a porre le basi e a dare impulso alla crescita a lungo termine dell'e-governance nel Paese. Gli obiettivi sono ampiamente basati sulla creazione di meccanismi istituzionali e di governance adeguati, sulla creazione di infrastrutture e politiche di base e sull'attuazione di una serie di progetti in modalità mission a livello centrale, statale e di servizi integrati per creare un ambiente di governance incentrato sui cittadini e sulle imprese.

Il National E-governance Plan (NeGP) e i Mission Mode Projects (MMP).

Il NeGP comprende 27 progetti in modalità missione (MMP), tra cui 10 MMP centrali, 10 MMP statali e 7 MMP integrati che abbracciano più ministeri/dipartimenti. La "modalità missione" implica che l'obiettivo e l'ambito del progetto siano chiaramente definiti, che il progetto abbia risultati e livelli di servizio misurabili e che abbia tappe e tempistiche di attuazione ben definite.

I PGM sono di proprietà e diretti dai vari Ministeri interessati per i PGM centrali, statali e integrati. I Ministeri/Dipartimenti interessati sono interamente responsabili di tutte le decisioni relative ai loro PGM. Tuttavia, le decisioni che hanno un impatto sulla NeGP nel suo complesso sono prese in consultazione con il DIT. Inoltre, laddove richiesto dai Ministeri/Dipartimenti interessati, il DIT fornisce il supporto necessario per la formulazione e lo sviluppo dei progetti. Ogni Stato ha la possibilità di identificare fino a 5 ulteriori PGM specifici per lo Stato.

Infrastrutture e e-governance.
Rete statale ad ampio raggio (SWAN)

La Wide Area Network è un'infrastruttura di telecomunicazione avanzata, oggi ampiamente utilizzata per lo scambio di dati e altri tipi di informazioni tra due o più località separate da distanze geografiche significative. Queste reti ad ampio raggio, in un certo senso, creano un'autostrada per il trasferimento elettronico di informazioni sotto forma di voce, video e dati. Il Dipartimento di Informatica del Governo indiano sta attuando un programma approvato, noto come State Wide Area Network (SWAN) Scheme, che prevede la creazione di una connettività di questo tipo in ogni Stato o UT, per portare velocità, efficienza, affidabilità e responsabilità nel sistema complessivo di funzionamento del Government-to-Government (G2G). Una volta implementato completamente, SWAN funzionerà come una rete dorsale convergente per le comunicazioni voce, video e dati in ogni Stato/Ut. La SWAN è stata progettata per soddisfare i requisiti di informazione e comunicazione della governance di tutti i dipartimenti dello Stato e dell'UT. A regime, si prevede che le SWAN in tutto il Paese copriranno almeno 50000 uffici dipartimentali attraverso 1 milione (10 lacune) di chilometri di collegamenti di comunicazione.

Schema di rete geografica statale:

Nel marzo 2005 il Dipartimento di Informatica ha ottenuto l'approvazione del Governo per il programma SWAN, con una spesa complessiva di 3334 milioni di rupie. Questa spesa comprende una componente di sovvenzione in aiuto di 2005 crore, che il Dipartimento di Informatica dovrà spendere in cinque anni. Il programma prevede una quota di Stato e UT di 1329 milioni di rupie, stanziata dal Dipartimento della spesa del Governo indiano nell'ambito dell'Assistenza centrale aggiuntiva (ACA). Nell'ambito del programma SWAN, sono state create reti geografiche in 27 Stati e 6 UT in tutto il Paese. Lo Stato di Goa e l'UT delle Isole Andamane e Nicobare hanno implementato le Reti d'Area Vasta nei rispettivi Stati/Ut, al di fuori dello Schema SWAN. L'attuazione dello schema SWAN è in pieno svolgimento in 33

Stati/Ut e il Dipartimento di Informatica ha finora approvato una spesa di 1965 crore di Rs. di GIA per questo scopo. Caratteristiche dello SWAN: Una rete ad ampio raggio distribuita in uno Stato o in un'UT ha due componenti: una rete di comunicazione e una rete di comunicazione.

- Componente verticale
- Componente orizzontale

La componente verticale di SWAN è implementata utilizzando un'architettura a più livelli (tipicamente a tre livelli) con la sede centrale dello Stato/UT (SHQ) collegata a ogni sede centrale del distretto (DHQ), che a sua volta è collegata a ogni sede centrale del blocco (BHQ). Ogni punto di connessione tra SHQ, DHQ e BHQ è chiamato Point of Presence (PoP), che è un punto di aggregazione della larghezza di banda per diversi collegamenti di rete che si connettono a questo punto.

Lo SWAN mira a creare una rete dedicata CUG (Closed User Group) con una velocità minima di 2 Mbps, collegando circa 7500 pop, fornendo connettività dati, voce e video a più di 50.000 uffici governativi. La rete mira ad aumentare l'efficienza del meccanismo di distribuzione del governo e ad ottimizzare le prestazioni. La dorsale così creata fornirà una connettività affidabile, verticale e orizzontale all'interno dell'amministrazione dello Stato e dell'UT e faciliterà le transazioni elettroniche tra tutti i dipartimenti governativi.

Centro dati

Il Centro Dati Statale (DSC) è stato identificato come uno degli elementi importanti dell'infrastruttura di base per sostenere le iniziative di e-governance del Piano Nazionale di E-governance (NeGP). Nell'ambito del NeGP, si propone di creare Centri dati statali per gli Stati, al fine di consolidare servizi, applicazioni e infrastrutture per fornire un'efficiente erogazione elettronica di servizi G2G, G2C e G2B. Questi servizi possono essere erogati dagli Stati attraverso una piattaforma di erogazione comune, perfettamente supportata da infrastrutture di connettività di base come la State Wide Area Network (SWAN) e la connettività del Common Service Centre (CSC) estesa fino al livello dei villaggi. Il Centro Dati Statale fornirà molte funzionalità, tra cui alcune fondamentali: archivio centrale dello Stato, archiviazione sicura dei dati, fornitura di servizi online, portale di informazioni/servizi per i cittadini, portale Intranet dello Stato, disaster recovery, gestione remota e integrazione dei servizi, ecc. I DSC garantirebbero inoltre un migliore controllo operativo e gestionale e ridurrebbero al minimo i costi complessivi di gestione dei dati, delle risorse informatiche, dell'implementazione e di altri costi.

Il Dipartimento per le tecnologie dell'informazione (DIT) ha formulato le linee guida per fornire assistenza tecnica e finanziaria agli Stati per la creazione di un Centro dati statale. Queste linee guida includono anche le opzioni di implementazione che possono essere esercitate dallo Stato per creare il DSC. Lo schema di DSC è stato approvato dal Governo con una spesa di 1623,20 crore per un periodo di 5 anni. Si prevede che i Centri dati statali saranno istituiti e resi operativi in tutti gli Stati/UT entro marzo 2011.

Gateway nazionale per l'erogazione dei servizi di e-governance (NSDG)

Affinché il Governo possa realizzare la visione NeGP, è indispensabile che i diversi dipartimenti del Centro, degli Stati e delle amministrazioni locali cooperino, collaborino e integrino le informazioni tra i vari livelli, domini e aree geografiche. I sistemi governativi, caratterizzati da isole di sistemi legacy che utilizzano piattaforme e tecnologie eterogenee e sono distribuiti in diverse località geografiche, in vari stati di automazione, rendono questo compito molto impegnativo. Il National E-governance Service Delivery Gateway (NSDG), un MMP nell'ambito del NeGP, può semplificare questo compito agendo come uno switch di messaggistica basato su standard e fornendo interoperabilità e scambio di dati senza soluzione di continuità.

L'emergere di molte applicazioni di e-governance per i diversi dipartimenti per fornire servizi online ai cittadini, alle imprese e al governo richiederà un aumento delle interazioni tra i dipartimenti e con le agenzie esterne a vari livelli del governo. I dipartimenti dovranno sviluppare connettori/adattatori per le connessioni punto a punto tra i dipartimenti, creando una rete come mostrato in figura, e anche un accoppiamento stretto tra le applicazioni. Questo porterebbe ad applicazioni difficili da mantenere e aggiornare in caso di cambio di versione e di modifica delle politiche governative e delle regole di business. Il NSDG è un tentativo di ridurre queste connessioni punto a punto tra i dipartimenti e di fornire un'interfaccia standardizzata, un sistema di messaggistica e uno switch di routing attraverso il quale i vari attori, come i dipartimenti, i fornitori di accesso ai servizi front-end e i fornitori di servizi back-end, possono rendere interoperabili le loro applicazioni e i loro dati. L'NSDG mira a raggiungere un alto livello di
l'interoperabilità tra entità autonome ed eterogenee del governo (nel centro, negli Stati o negli enti locali), sulla base di un quadro di standard di e-governance.

Centro Servizi Comuni

Il CSC è una pietra miliare strategica del Piano nazionale di e-governance (NeGP), come parte dell'impegno assunto nel Programma minimo comune nazionale di introdurre l'e-governance su vasta scala. I CSC forniranno contenuti e servizi video, voce e dati di alta qualità e a costi contenuti, nei settori dell'e-governance, dell'istruzione, della sanità, della telemedicina, dell'intrattenimento e di altri servizi privati. Uno dei punti salienti dei CSC è che offriranno servizi di e-governance abilitati al web nelle aree rurali, tra cui moduli di richiesta, certificati e pagamenti di servizi di pubblica utilità come bollette dell'elettricità, del telefono e dell'acqua.

Lo schema crea un ambiente favorevole affinché il settore privato e le ONG svolgano un ruolo attivo nell'attuazione dello schema CSC, diventando così un partner del governo nello sviluppo dell'India rurale. Il modello PPP dello schema CSC prevede una struttura a tre livelli, composta dall'operatore del CSC (chiamato Village Level Entrepreneur o VLE), dall'Agenzia del Centro Servizi (SCA), che sarà responsabile di una divisione di 500-1000 CSC e da un'Agenzia designata dallo Stato (SDA), identificata dal governo statale e responsabile della gestione dell'attuazione nell'intero Stato. Il programma CSC è stato approvato dal governo nel settembre 2006 con una spesa di 5742 milioni di rupie per un periodo di 4 anni. Si prevede che il 100% dei CSC sarà avviato entro marzo 2011.

Il programma CSC, approvato dal governo indiano nel settembre 2006 per la creazione di oltre 100.000 centri internet nelle aree rurali nell'ambito del piano nazionale di e-Governance (NeGP), viene attuato in modalità di partenariato pubblico-privato (PPP). Il programma CSC è concepito come un modello bottom-up per la fornitura di contenuti, servizi, informazioni e conoscenze, che può consentire alle imprese pubbliche e private che condividono le stesse idee - attraverso un quadro di collaborazione - di integrare i loro obiettivi di profitto e sociali in un modello di business sostenibile per raggiungere un rapido cambiamento socio-economico nell'India rurale.

Al 28 febbraio 2011, un totale di 90.018 CSC sono stati avviati in trentuno Stati/UT. Il 100% dei CSC è stato installato in 11 (undici) Stati (Chandigarh, Delhi, Goa, Gujarat, Haryana, Jharkhand, Kerala, Manipur, Puducherry, Sikkim e Tripura). Più di
Il 70% del rollout è stato completato in 12 (dodici) Stati (Assam, Bihar, Chhattisgarh, Himachal Pradesh, Madhya Pradesh, Maharashtra, Meghalaya, Mizoram, Nagaland, Orissa, Tamil Nadu e Bengala occidentale). In circa 3 (tre) Stati (Arunachal Pradesh, Uttar Pradesh

e Uttarakhand) l'implementazione dei CSC ha superato la metà del percorso (più del 50%). Si prevede che la realizzazione di 100.000 CSC sarà completata entro marzo 2011.

Iniziative di e-governance in vari Stati

I governi centrali e statali hanno avviato molte strategie per promuovere le TIC in tutti gli ambiti della vita. Nel 1998 il governo centrale ha annunciato la politica informatica per rendere disponibile l'informatica a tutti gli indiani entro il 2008. Nel 1998 è stata istituita una task force nazionale di alto livello per lo sviluppo delle tecnologie informatiche e del software. La politica prevede la creazione di un'infrastruttura informatica a livello governativo, che semplificherebbe l'erogazione dei servizi, ridurrebbe le duplicazioni e migliorerebbe il livello e la velocità dei servizi al pubblico. Ciò offrirebbe al pubblico l'opportunità di inviare e ricevere informazioni attraverso terminali elettronici, anziché attraverso la scrittura o la comunicazione cartacea. Sono stati compiuti sforzi per aumentare l'accessibilità alle TIC attraverso computer e internet per raggiungere fasce più ampie della società con l'aiuto delle organizzazioni della società civile (OSC). I processi e le procedure governative saranno riorganizzati per apportare diversi benefici, come la trasparenza sul lavoro, la riduzione dei vincoli, l'aumento dell'efficienza e della produttività e la riduzione dei costi di erogazione dei servizi. I progetti sono integrati tra i vari dipartimenti per fornire un unico punto di erogazione elettronica dei servizi ai cittadini. La massima trasparenza nell'amministrazione è stata assicurata attraverso carte dei cittadini disponibili su Internet per ogni dipartimento governativo. Sono in corso numerosi progetti in diversi Stati per promuovere la governance elettronica in India.

Tamil Nadu

Come già detto, il progetto SARI ha goduto di un forte sostegno istituzionale e finanziario da parte delle principali istituzioni educative internazionali. All'inizio ha avuto anche il pieno sostegno istituzionale e amministrativo del governo statale. Tuttavia, il governo statale e i funzionari distrettuali non hanno mostrato un impegno costante nei confronti della componente di e-government del progetto dopo circa un anno e mezzo dall'avvio del progetto. Come hanno rivelato le interviste con i funzionari del governo e del progetto SARI, il progetto ha vacillato anche a causa del trasferimento di funzionari chiave del distretto e del Taluka e dell'opposizione dei livelli gerarchici più bassi della burocrazia, in quanto rappresentava una minaccia alle loro opportunità di guadagno. Inoltre, il progetto non è riuscito a raggiungere le comunità socialmente ed economicamente emarginate (Kumar, 2004) e non ha coinvolto le istituzioni locali di autogoverno nell'attuazione del progetto. In termini di modello di fallimento della sostenibilità, il progetto ha quindi fallito lungo le dimensioni della sostenibilità politica/istituzionale e sociale.

Madhya Pradesh

Gyandoot è un importante progetto realizzato nello Stato. Si tratta di una rete intranet rurale avviata nel 2001 a Dhar, un distretto remoto del MP, a beneficio di quasi un milione di persone in 311 gram panchayat che coprono 600 villaggi. Il progetto fornisce 15 tipi di servizi attraverso una rete di 35 centri informativi. I cittadini possono usufruire di vari benefici, come informazioni sui prezzi dei raccolti, copie dei registri fondiari, assistenza per le domande governative, ottenimento di certificati di reddito, domicilio e casta, risoluzione di reclami e così via. La gestione è affidata a persone locali addestrate e il gram panchayat si fa carico di tutti i costi.

Questo progetto è stato riconosciuto a livello mondiale e ha ricevuto il premio Stockholm Challenge IT 2000 e il premio Computer Society of India IT 2000 per il miglior utilizzo delle tecnologie informatiche in India (http://www.gyandoot.nic.in/). Gli enti locali, in collaborazione con i funzionari governativi, hanno avviato chioschi TIC gestiti da giovani disoccupati che sono stati selezionati e formati per gestire questi chioschi. L'iniziativa risponde alle esigenze di ICT di un'ampia fascia di consumatori rurali.

Maharashtra

Nel Maharashtra, il progetto "Wired Village" a Warana, un'area rurale, fornisce informazioni in lingua locale agli abitanti di 70 villaggi sui prezzi dei raccolti, sulle date di pagamento degli agricoltori, sulle opportunità di lavoro e di istruzione attraverso 54 chioschi. Il progetto ha aiutato il Warana Group of Cooperatives (WGC) e gli agricoltori che forniscono canna da zucchero alle cooperative a raggiungere una migliore produttività. Prima dell'attuazione del progetto, c'erano problemi di comunicazione tra gli agricoltori e il WGC, che portavano a inefficienza e a una minore produttività (www.mah.nic.in/warana/).

Al fine di individuare le tessere razionali false e la commercializzazione in nero nel distretto di Akola di

Nel Maharashtra, tutte le tessere annonarie sono state informatizzate dal sistema di distribuzione pubblico (PDS) dopo un'indagine sulle famiglie nel 2000 a livello di distretto e di tehsil. Dopo un mese sono state individuate 37.000 tessere false e 9.000 tessere doppie. Nei primi sei mesi è stato possibile risparmiare un milione di litri di cherosene e nel distretto sono stati risparmiati zucchero, grano e altri generi alimentari per un valore di 56-60 milioni di rupie all'anno. L'informatizzazione dei dati ha quindi contribuito a controllare la corruzione nel PDS nel distretto di Akola.

Rajasthan

I progetti di e-governance citati nel presente contesto sono: Rajnidhi, Rajswift, Lokmitra Electronic service e Vikas Darpan.

Rajnidhi Information Kiosks (Rajnidhi) è un progetto attraverso il quale i cittadini possono ottenere informazioni relative a opportunità di investimento, turismo (luoghi turistici, fiere e festival, fortezze, santuari), salute (pianificazione familiare e vaccinazione dei bambini), occupazione, trasporti, istruzione a distanza e agricoltura. Informazioni sulle procedure (moduli, tariffe, luoghi e persone) per l'ottenimento di tessere annonarie, licenze, certificati di nascita/morte, certificati di casta e allacciamenti all'acqua e all'elettricità. Questo sito web contiene anche le versioni elettroniche delle pubblicazioni del governo statale, dati statistici, dettagli sui dipartimenti governativi e sulle PSU e offre ai cittadini l'opportunità di inviare reclami al Chief Minister.

Il progetto **Lokmitra** consente l'accesso alle transazioni governative attraverso Internet e gli ekiosk. È dotato di cinque sportelli elettronici, collegati a un server centrale. Ogni cittadino può usufruire di molteplici servizi di diversi dipartimenti presso questi sportelli (www.lokmitra.gov.in).

Rajswift è un sistema che utilizza Internet per facilitare la comunicazione online di dati, testi ed e-mail tra l'Ufficio del Primo Ministro e i 32 collezionisti distrettuali.

Vikas Darpan - Sistema di pianificazione e supporto alle decisioni basato su GIS, copre 40.000 tehsil su circa 200 indicatori demografici e socio-economici.

Gujarat

Il progetto di e-governance più importante del Gujarat è il sistema **CICP (Computerized Inter-state Check Post)**, che prevede l'informatizzazione di tutti i posti di controllo del Gujarat. Questo aiuta i funzionari governativi a controllare tutti i veicoli pesanti che attraversano lo Stato e a controllare il trasporto di merci in conformità con gli standard specificati per evitare perdite di vite umane e di proprietà. Inoltre, il progetto protegge anche i conducenti dei veicoli di trasporto dalle presunte molestie dei funzionari e controlla le transazioni di denaro non contabilizzato. Il modello PPP (Private Public Participation) è stato applicato per progettare e gestire il progetto (www.egov4dev.org). Un team composto da un dirigente politico illuminato e da un amministratore esperto di tecnologia è riuscito a implementare un sistema online in cui ogni camion viene pesato su una pesa elettronica.

Bengala occidentale

Nell'ambito dell'adozione dell'e-governance, il Bengala Occidentale ha introdotto una significativa informatizzazione in diversi dipartimenti e direzioni governative. Tra questi vi sono le Finanze, il Lavoro, i Trasporti, il Panchayat e lo Sviluppo rurale, il Territorio e le Riforme fondiarie, il Turismo, le Foreste, i Servizi per i giovani, gli Affari municipali, l'Istruzione superiore, l'Ambiente, gli Alloggi, ecc.

L'informatizzazione dei registri fondiari, iniziata come un piccolo progetto pilota nel distretto di Bardhaman, è stata poi estesa a tutti gli altri distretti del Bengala occidentale. Su 341 isolati dello Stato, 238 sono già stati informatizzati. Si sta ora avviando la digitalizzazione delle mappe catastali. In particolare, nel distretto di Hooghly è stato avviato un progetto pilota per la digitalizzazione delle mappe catastali. Inoltre, è stato recentemente sviluppato un Sistema informativo per l'acquisizione di terreni per garantire una rapida risoluzione dei casi di acquisizione di terreni. Il sistema genera in modo rapido ed efficiente vari rapporti relativi alla notifica, alla dichiarazione, al piano regolatore, alla preparazione delle stime, ecc. Il sistema è stato sperimentato nei casi di acquisizione di terreni per il progetto New Township a Rajarhat. I programmi di e-governance più noti sono la telemedicina a Midnapore, l'informatizzazione dei dipartimenti governativi (Weber), il GIS per le municipalità e la West Bengal State Wide Areas Network (WBSWAN).

Nuova Delhi

La Municipal Corporation of Delhi ha deciso di sfruttare le tecnologie dell'informazione e della comunicazione per fornire servizi municipali efficienti, accessibili, responsabili e trasparenti alla popolazione di Delhi (www.mcdonline.gov.in). Il programma è stato formulato sulla base del PPP. Le strategie adottate dal MCD per introdurre l'E-governance municipale si basano sulla convinzione che gli obiettivi del programma di E-governance del MCD siano i seguenti:

a) Avvicinare il MCD alla popolazione attraverso i punti di assistenza ai cittadini, i PC, i chioschi, i telefoni e altri servizi con assistenza 24*7.

b) Creare una comunità digitale - Una comunità digitale può favorire il coinvolgimento personale nella governance comunale, fornendo ai cittadini un accesso più facile alle informazioni e alle altre risorse.

c)   d) Rafforzamento della gestione dei comuni, consentendo loro di diventare più efficienti nella gestione delle risorse, nella riscossione delle imposte e nell'identificazione delle esigenze infrastrutturali locali, soprattutto per i poveri, in materia di sanità, istruzione, alloggi e servizi di base.

e) Preparazione del piano di lavoro, tenuta della contabilità, bilancio, identificazione delle carenze a livello di circoscrizione e di quartiere e preparazione di piani annuali bottom-up.

Le iniziative di e-governance attuate a livello globale e nazionale dai Paesi economicamente sviluppati e da quelli in via di sviluppo sono nel vortice dell'attuazione di questi programmi che influenzano sempre più il benessere dei loro cittadini. Questi programmi, in particolare i progetti di fornitura di servizi incentrati sul cittadino, hanno avuto un impatto decisivo sulla qualità, l'accessibilità e l'efficienza dei vari servizi offerti ai cittadini. Tra i Paesi in via di sviluppo, l'India è sulla strada dell'attuazione del programma di e-governance su tutti gli aspetti della governance legati alla società. Rispetto al sistema manuale tradizionale, tutte le dimensioni dell'efficienza nella fornitura dei servizi sono migliorate nel nuovo sistema di governance. Si nota anche che l'India meridionale è in una posizione di leadership rispetto agli altri Stati indiani nell'adozione e nell'implementazione di programmi di e-governance.

Aadhaar:
Progetto per la fornitura di numeri di identificazione unici a tutti i cittadini. Creazione di un database di tutti i cittadini, una carta d'identità nazionale multifunzionale che funge da principale fornitore di identità e informazioni per l'individuazione e il monitoraggio dei programmi governativi di inclusione e benessere.

Garuda:
Una Rete nazionale della conoscenza (NKN)/Grid che funge da piattaforma comune per gli istituti accademici, educativi e di ricerca per la condivisione delle conoscenze e delle migliori pratiche. Attualmente quattro Stati, Gujarat, Tamil Nadu, Karnataka e Andhra Pradesh, sono stati integrati nella NKN.

La maggior parte dei governi statali, seriamente in competizione nel promuovere le proprie iniziative di e-governance, ha una propria tabella di marcia per l'implementazione delle tecnologie informatiche e la fornitura di servizi online/elettronici ai propri cittadini. È stato posto l'accento sull'uso della lingua locale nell'erogazione dei servizi G2C, G2B e G2G. Con i MMP approvati, ogni governo statale potrebbe identificare altri cinque MMP specifici per lo Stato che ne promuovano lo sviluppo economico.

Secondo il rapporto NCAER intitolato "India: e- Readiness Assessment Report 2008", presentato al Department of Information Technology, Government of India, la Figura 1 mostra lo sviluppo dell'e-government in India. Karnataka, Chandigarh, Maharashtra, Tamil Nadu, Delhi, Andhra Pradesh stanno emergendo come leader nello sviluppo dell'e-government, seguiti dagli aspiranti leader West Bengala, Kerala, Haryana, Gujarat e Punjab. Mentre Manipur, Mizoram, Jammu e Kashmir, Arunachal Pradesh, Lakshadweep ecc. rientrano nella categoria degli Stati che hanno ottenuto meno risultati. La classifica degli Stati viene stilata in base alla loro preparazione, all'utilizzo e all'ambiente di governo elettronico. In questo contesto, Karnataka, Andhra Pradesh e Tamil Nadu rientrano nella categoria Leader, mentre il Kerala rientra nella categoria Aspiranti leader. Tutti questi quattro Stati si trovano nella parte meridionale del Paese. Sono state analizzate le iniziative di e-governance di questi quattro Stati.

IMPORTANTI PROGETTI DI E-GOVERNANCE NEGLI STATI DELL'INDIA

Sr.	Stato	Nome del progetto
1.	Andhra Pradesh	Modernizzazione completa dei registri catastali (CMLR) ePanchayat Sistema di fondo di previdenza generale per gli Zilla Parishad
2.	Arunachal Pradesh	Indagine BPL 2002 - Generazione di rapporti Software di informatizzazione dei registri immobiliari
3.	Assam	Centri di informazione della comunità (CIC) dell'Assam Registri catastali
5.	Chandigarh(UT)	Portale e-Jan Sampark Sistema di monitoraggio dei reclami
6.	Chattisgarh	AGMARKNET Informatizzazione della catena di approvvigionamento di cereali alimentari del Dipartimento per gli Alimenti e le Forniture Civili Informatizzazione dei registri immobiliari Informatizzazione della registrazione della proprietà
9.	Haryana	Integrazione dinamica della registrazione della proprietà e dell'amministrazione dei registri immobiliari e-DISHA Ekal Sewa Kendra
10.	Himachal Pradesh	Sistema di contabilità a doppia entrata MIS per i blocchi di sviluppo rurale Computerizzazione integrata dei registri fondiari (HIMRIS)
11.	Jharkhand	Computerizzazione dei registri immobiliari Configurazione dell'infrastruttura di videoconferenza a livello statale
12.	Karnataka	Sistema informativo AGRISNET abilitato al web BELE(Crop) BHOOMI per il Dipartimento delle Entrate Sistema di commercializzazione agricola online e-mandi Servizi digitali rurali (Nemmadi) Samanya Mahiti per il Dipartimento dello sviluppo rurale e del Panchayat Raj
15.	Madhya Pradesh	I-GeoApproach Applicazione basata sulla geometria di Internet per la pianificazione della connettività delle strade rurali alle abitazioni (nell'ambito di Pradhan Mantri Gram Sadak Yojana (PMGSY)).
16.	Maharastra	Implementazione dell'e-file nel progetto National Rural Health Mission in Maharashtra

		Portale Panchayat Raj
17.	Meghalaya	Sistema informativo di mercato online
18.	Nagaland	Centri di informazione della comunità
		Videoconferenza
19.	Punjab	SUWIDHA
		Sistema informativo del Tesoro Punjab
20.	Rajasthan	Censimento BPL
		Progetto Dharohar
		e-Gram
		Informatizzazione dei registri immobiliari (LRC)
		Sistema di monitoraggio dei pasti di metà giornata (MDM)
		Struttura per videoconferenze
21.	Tamilnadu	Servizi elettronici in qualsiasi momento/ovunque - Registri del territorio
		CollabLand (digitalizzazione FMB)
		Micro, piccole e medie imprese online
22.	Tripura	Computerizzazione dei registri immobiliari
23.	Bengala occidentale	Agri-Portal Matir Katha per il Dipartimento dell'Agricoltura del governo del Bengala occidentale

INIZIATIVE DI E-GOVERNANCE IN KARNATAKA

Il Karnataka è un leader acclamato a livello mondiale nel settore IT, la sua capitale Bangalore è conosciuta come la Silicon Valley dell'India. Il Karnataka è leader nello sviluppo dell'e-readiness e dell'e-governance. Ha un ambiente favorevole alla e-governance che facilita numerose iniziative di e-governance di successo. Il Centro per la e-governance del governo del Karnataka è l'agenzia nodale che facilita le iniziative di e-governance. La Karnataka State Wide Area Network e i CSC costituiscono l'infrastruttura di base per lo sviluppo dell'e-governance.

Bhoomi:

È un software per l'informatizzazione del Dipartimento delle Entrate dello Stato del Karnataka. Attualmente ha computerizzato quasi 20 milioni di registri fondiari di 6,7 milioni di agricoltori dello Stato. Questo sistema è stato progettato dal NIC di Bangalore ed è stato selezionato per essere diffuso in altre parti del Paese.

Kaveri:

L'informatizzazione del Dipartimento francobolli e registrazione dello Stato del Karnataka semplifica il processo di registrazione dei documenti. I documenti vengono elaborati in meno di 30 minuti. Sono disponibili funzioni come l'intelligenza del valore di mercato incorporata, l'emissione di certificati di gravame e di documenti certificati nello stesso giorno della registrazione, nonché la registrazione di matrimoni e imprese. La valutazione del valore di mercato e la valutazione dell'imposta di bollo vengono effettuate qui. Tutti i 243 uffici subregistrali e i 43 uffici statali sono stati informatizzati e collegati in rete.

Sahakara Darpana:

Questa iniziativa si concentra sull'informatizzazione della direzione della revisione cooperativa. Questo portale visualizza la posizione finanziaria di quasi 30.000 istituzioni cooperative, mostrandone i punti di forza, classificando le società cooperative e convalidando le irregolarità finanziarie, amministrative e di tenuta dei registri.

Sarathi e Vahan:

Questo progetto riguarda l'informatizzazione dell'Ufficio Regionale dei Trasporti. Si tratta di un sistema on-line che fornisce transazioni relative a tasse e imposte, registrazione, permesso di licenza, applicazione e rilascio di certificati di idoneità, nonché transazioni relative a tasse e imposte, ecc,

Sistemi di archiviazione dei resi (RFS):
Si tratta di un sistema di automazione dell'amministrazione dell'imposta sul reddito. Questo sistema è in uso in circa 130 uffici di Bangalore.

Aasthi Terige:
Si tratta di un progetto di automazione del calcolo della riscossione dell'imposta sulla proprietà. Il progetto è implementato a livello di Gram Panchayat nello Stato del Karnataka. Il sistema fornisce modalità di raccolta e calcolo delle imposte sulla proprietà trasparenti ed efficienti, con il supporto della lingua locale.

Sistema informativo sulle attività di sradicamento del lavoro minorile (CLEAIS):
Questo sito fornisce informazioni sull'identificazione del lavoro minorile, sui salari minimi, sulle azioni penali e sul recupero delle quote.

Krishi Maratha Vahini:
Si tratta di un sistema computerizzato di informazione sui prezzi delle materie prime che fornisce ogni giorno i dettagli sui prezzi delle materie prime agricole sia in inglese che in lingua locale. Ciò consente agli agricoltori di fissare il prezzo dei loro prodotti agricoli.

Nemmadi:
Si tratta di un modello di partenariato pubblico-privato, che fornisce un servizio pubblico efficace ed efficiente che include una vasta rete di soggetti interessati, come organizzazioni private, dipartimenti governativi e cittadini.

Khajane:
Sistema di tesoreria online che informatizza tutte le 216 tesorerie dello Stato. L'eliminazione della duplicazione dei dati e l'efficiente manutenzione dei dati delle singole tesorerie sono le caratteristiche principali di questo sistema. Il sistema monitora le scorte di francobolli e articoli di custodia nello Stato, facilita il pagamento delle pensioni del personale governativo in pensione e i dettagli di pagamento dei programmi di assistenza sociale da parte del governo.

CONCLUSIONE

Con la crescente necessità di fornire servizi efficienti di e-governance ai cittadini, ogni Stato si sta impegnando maggiormente. Ogni Stato ha i propri progetti specifici, che consentono di soddisfare le esigenze specifiche dei cittadini. I progetti di successo ci mostrano i fattori di successo come le applicazioni centrate sul cittadino, l'ambiente favorevole all'e-governance, la politica e l'amministrazione, la volontà degli stakeholder di utilizzare il progetto, la localizzazione dei contenuti, la personalizzazione dei servizi, ecc. Questi quattro Stati hanno in generale meccanismi istituzionali separati per il supporto all'e-governance. Questi Stati hanno una presenza sul web con un portale interattivo con collegamenti ai dipartimenti che forniscono servizi di e-governance. Inoltre, la maggior parte di questi Stati ha una task force statale per l'e-governance e uno State e-governance Mission Team (SeMT). Grazie all'impegno pro-governativo per le iniziative di e-governance e a una quota considerevole del budget governativo, questi Stati hanno documentato politiche e road map specifiche per le TIC per il raggiungimento del Whole- Of-Government.

È vero che l'e-governance porta a un'erogazione dei servizi rapida, efficiente, semplice ed economica, alla trasparenza, alla responsabilità e alla riduzione della corruzione, con servizi accessibili ovunque e in qualsiasi momento. Ma tutte le iniziative di e-governance sono un successo? Questa è una domanda importante, a cui devono rispondere le autorità responsabili dell'attuazione dei progetti in ogni fase dello sviluppo della e-governance. Perché la maggior parte di questi programmi di e-governance fallisce? O rimane solo come applicazione isolata? Le risposte a queste domande devono essere trovate con attenzione. I progetti di successo, come Bhoomi in Karnataka, SARI in Tamil Nadu, Akshaya in Kerala, sono falliti in altri Stati, poiché non si è pensato seriamente alla loro adattabilità e replicabilità. L'ambiente e le esigenze dei cittadini in uno Stato non possono essere necessariamente gli stessi di altri Stati. È accettabile, ma con le dovute modifiche, questi progetti potrebbero essere applicati anche in altri Stati. Questo potrebbe essere lo sforzo originale verso il Whole-of-Government. Anche l'interoperabilità tra i sistemi è il problema principale. L'integrazione orizzontale dei dipartimenti, sia a livello di processi che di sistemi, dovrebbe essere presa in seria considerazione. Una volta realizzata, l'integrazione verticale non sarà più difficile.

Un altro fattore determinante per il successo dell'e-governance è la partecipazione degli stakeholder. La disponibilità all'uso, la mentalità di adattamento e l'interesse a partecipare all'apprendimento del flusso del processo giocano un ruolo importante. Ciò può essere ottenuto coinvolgendo la partecipazione degli stakeholder in ogni fase dello sviluppo della e-governance. Lo sviluppo delle infrastrutture è certamente uno dei fattori che favoriscono il successo dello sviluppo dell'e-governance. Ma abbiamo esempi di storie di successo anche con infrastrutture minime o inadeguate. È importante utilizzare in modo ottimale le infrastrutture esistenti e ricorrere al partenariato pubblico-privato nell'utilizzo delle infrastrutture, al cloud computing e al mobile computing nelle fasi appropriate per superare i problemi infrastrutturali. La longevità di un progetto è determinata dall'aumento del suo utilizzo, dagli aggiornamenti necessari e, soprattutto, dalla sua facilità d'uso. Si devono prendere in considerazione anche le politiche e gli ambienti di supporto.

In un grande Paese come l'India, con un numero considerevole di persone che vivono al di sotto della soglia di povertà, una bassa alfabetizzazione, infrastrutture inadeguate, vincoli di bilancio ecc. Ma l'India ha dimostrato di essere uno degli aspiranti leader nello sviluppo dell'e-governance. Questo grazie agli sforzi e all'entusiasmo dimostrati nello sviluppo dell'e-governance. L'India ha la più grande popolazione giovane, che costituisce un terzo della popolazione totale del Paese. Pronti a imparare cose nuove, pronti a sperimentare cose nuove sono le caratteristiche della giovane India. Il crescente utilizzo dei telefoni cellulari apre le porte al mobile computing. Le iniziative di e-governance incentrate sul mobile seva, comprese le caratteristiche del cloud computing, devono essere prese in considerazione per una maggiore diffusione e utilizzo. Politiche appropriate, la creazione di un ambiente favorevole all'e-governance, la partecipazione dei cittadini a tutti i livelli dello sviluppo dell'e-governance, l'integrazione orizzontale dei sistemi che, nel prossimo futuro, consentirà l'integrazione verticale dei sistemi sono la necessità del momento per il viaggio dell'India verso il successo dello sviluppo dell'e-governance.

Bibliografia

[1] Sanjay Kumar Dwivedi e Ajay Kumar Bharti, "E-governance in India - Problemi e accettabilità", Jourmal of Theoretical and Applied Information Technology, 2005-2010.

[2] Lakshmi Devasena C e Punitha Lakshmi B, "Exploring E-Governance Development in Large Populace Countries in the World", International Journal of Advanced Research in Computer Science and Software Engineering, 4 (4), April - 2014.

[3] India e-Readiness Assessment Report 2008 for States and Union Territories, (2010), Dipartimento di Tecnologia dell'Informazione, Governo dell'India

[4] Indagine **delle Nazioni Unite** sullo sviluppo dell'e-government 2012.

[5] Benat Bilbao-Osorio, Soumitra Dutta e Thierry Geiger, "The Networked Readiness Index 2013: Benchmarking ICT uptake and support for growth and jobs in a Hyperconnected World", capitolo 1.1., Global Information Technology Report 2013, Global Economic Forum.

[6] Michiel Backus, "E-governance and Developing Countries, Introduction and Examples", Research Report No.3, aprile 2001 [online], 30 marzo 2014, www.iicd.org disponibile all'indirizzo www.iicd.org/about/publications/.

[7] P.K. Mohanty, Using e-Tools for Good Governance & Administrative Reforms, Working paper Series, 17 aprile 2014, www.cgg.gov.in [Online]. Disponibile: http://www.cgg.gov.in/workingpapers/eGovPaperAR C.pdf.

[8] E-government, ITU e-Government implementation Toolkit, 2009.

[9] Piano **nazionale** di e-governance, India Gate, [online], 19 aprile 2014, www.indg.in.

[10] Piano nazionale di e-governance, [online], 20 aprile 2014, www.negp.gov.in

[11] Tamil Nadu Overview, National Institute for Smart Governance, [online], 16 aprile 2014, www.nisgn.org disponibile all'indirizzo http://nisg.org/knowledge/199.

[12] Panoramica del TamilNadu: http://egovreach.in/social/Tamil Nadu?whois=czo1O iJndWVzdCI7&serarr=

[13] Khushboo Batra e Jasmeet Kaur Kapoor, "E-governance in India", Proc. of 'I- Society 2012' at GKU, Talwandi Sabo Bathinda (Punjab), International Journal of Computing & Business Research. 2012.

[14] E-GOVERNANCE: 20 Hot eGov Projects in India, DataQuest, ottobre 2003.

[15] Sahakaradarpana, disponibile all'indirizzo: http://www.kar.nic.in/sahakaradarpana.html.

[16] Ritu Srivastava, "Lo stato della e-governance in India", Axe words, media online, agosto

2009.

Disponibile all'indirizzo: http://www.axewords.com/article/49-e-governance-status-in-india.html.

[17] Nemmadi - Progetto di centro televisivo rurale del Karnataka, GovernanceKnowledge Centro, http://indiagovernance.gov.in/bestpractices.php?id=1 805.

[18] N.S. Kalsi, Ravi Kiran e S.C Vaidya, "Effective e- Governance for Good Governance in India", International Review of Business Research Papers, Vol No. 5, pp.212-229, [2009].

[19] Mrinalini Shah, "E-Governance in India: Sogno o realtà?" International Journal of Education and Development using Information and Communication Technology (IJEDICT), Vol.3, Issue 2, pp.125-137, [2007].

[20] Nikita Yadav, V.B. Singh, "E-Governace: Past, Present and Future in India", International Journal of Computer Applications (0975-8887), Volumne 53- No.7, September 2012.

[21] Scheda informativa sui giovani del mondo 2013, Population Reference Bureau.

[22] Bonnaccorsi, "On the Relationship between Firm Size and Export Intensity", Journal of International Business Studies, XXIII (4), pp. 605-635, 1992.

[23] R. Caves, Multinational Enterprise and Economic Analysis, Cambridge University Press, Cambridge, 1982.

[24] M. Clerc, "The Swarm and the Queen: Towards a Deterministic and Adaptive Particle Swarm Optimization", in Proceedings of the IEEE Congress on Evolutionary Computation (CEC), pp. 1951-1957, 1999. (Stile della conferenza)

[25] H.H. Crokell, "Specialization and International Competitiveness", in Managing the Multinational Subsidiary, H. Etemad and L. S, Sulude (eds.), Croom-Helm, London, 1986. (stile capitolo di libro)

[26] K. Deb, S. Agrawal, A. Pratab, T. Meyarivan, "A Fast Elitist Non-dominated Sorting Genetic Algorithms for Multiobjective Optimization: NSGA II", KanGAL report 200001, Indian Institute of Technology, Kanpur, India, 2000. (stile relazione tecnica)

I want morebooks!

Buy your books fast and straightforward online - at one of world's fastest growing online book stores! Environmentally sound due to Print-on-Demand technologies.

Buy your books online at
www.morebooks.shop

Compra i tuoi libri rapidamente e direttamente da internet, in una delle librerie on-line cresciuta più velocemente nel mondo! Produzione che garantisce la tutela dell'ambiente grazie all'uso della tecnologia di "stampa a domanda".

Compra i tuoi libri on-line su
www.morebooks.shop

 info@omniscriptum.com
www.omniscriptum.com

www.ingramcontent.com/pod-product-compliance
Ingram Content Group UK Ltd.
Pitfield, Milton Keynes, MK11 3LW, UK
UKHW041932131224
452403UK00001B/85